MONTAGE

VÉRONIQUE PITTOLO

MONTAGE

fourbis

Collection
Biennale Internationale des Poètes
en Val-de-Marne
dirigée par Henri Deluy

Ouvrage publié avec le concours
du Centre National des Lettres

— J'ai toujours souhaité faire du cinéma.

L'homme se leva et dit ensuite :

— C'est simplement à cause de ma famille.

Peu de mots en réalité,
seulement la surface.
Quelques échos, des bribes de phrases.
Nous nous toucherons à travers la paroi transparente.

— Que dois-je observer pour vous plaire ?
— Une attention radieuse ou triste, humaine.

Cette image échappe à toute représentation.
Mouvement d'absorption capable d'interroger, de répondre.
Beaucoup d'effets, des moyens réduits.

Soudain l'empreinte de son visage
(rythme lent),
puis je le retrouve, récitant ceci :

— Parmi mes sujets préférés, ma femme et ma fille Louise,
  les arbres, quelques rues.

— Aimeriez-vous être remplacé par un magnétophone ?
— ?
— Comment voyez-vous l'avenir ?
— Un emploi d'accessoiriste,
  ou le rôle d'un balayeur qui voulait faire du cinéma.
  (Je viendrai avec mon projet d'émission pour les enfants).

Aucun relief, mais les gens dos à dos dans une sorte
de mise en scène.
Ils parlent mieux le soir.
De loin on reconnaîtra leur nuque,
leur façon de remuer les mains pour convaincre.
Parfois ils s'embrassent à la fin de l'émission,
le visage déformé, trop proche,
une tragédie grotesque, un spectacle.

Peu de personnages, seulement une ombre rouge à minuit.
Toits penchés,
cubes de lumière à la surface des maisons.

– J'aimerais apporter un message à ma famille :
    Peter,
    je suis désolé d'avoir manqué ton anniversaire.

Le fleuve longe toujours l'usine de briques,
le jardin des plantes où nous allions nourrir les canards.
Pieds alignés sous le préau d'une école.

Une ville d'oiseaux,
les cheveux d'une fillette,
longs,
ses lunettes,
elle vient vers nous :

— 1970, j'ai dix ans et je regarde ma montre neuve.
  A l'époque nous considérions le monde en grand,
  les yeux ouverts,
  belles joues d'ombre,
  bouche des amants au cinéma.

En approchant les années de ces visages,
un léger affrontement,
une anachronie.

— Voici le hall de la crèche, ses murs de suie.
  Une Panhard.
  Lieu doré, léger et transparent.
  Les hamacs pour la sieste des petits.

Je m'aperçois soudain, photographié par moi-même.
Un ourson se balance sur la plage arrière de la voiture.
Bouche coquine aplatie,
numéros,
départements.

Une existence rythmée par les sorties hebdomadaires,
le cinéma.

— Le soir nous échangions nos histoires d'amour
sur des instruments anciens.

La promenade des pensionnaires (insectes noirs),
visage magnanime du proviseur.
Les élèves portaient des noms de passions (Pitié, Impatience).
Un complot en majuscules sur le tableau : DORTOIR, RÉFECTOIRE.

— Je revois souvent la rue désolée, ses façades rouges,
les cheminées.
Les enseignes bordaient le fleuve à sens unique.

(Etre aussi désespérément jeune n'avait pas de nom).

— A quoi ressemble physiquement un enfant ?
— J'ai dû avoir un jour une taille différente,
la compagnie d'une vieille dame.

Verre épais des yeux d'Irma,
ses prunelles bleues où mon regard ouvre le monde
en plusieurs morceaux.

— Je reconnais cette ville,
même si une quantité de souvenirs me remplace
dans une autre langue.
C'est pourquoi je vais voir les films où l'on meurt beaucoup.

Cela s'est passé un jour,
j'ai perdu ma naissance.
Comment est-il possible d'être si vivant aujourd'hui ?

Après la séparation des visages vint celle des voix,
le temps des cartes d'anniversaire,
des vœux.
Doigts tachés d'encre à Noël,
porte-plume, formule joyeuse et intime.
Ce sourire de communion solennelle ne connaît pas
encore le regret,
il porte l'ensemble du visage, le protège.

— Le travelling étant la seule forme de piété,
   ma vie ressemble à un film corporel
   où personne ne rencontre personne.

Généralement j'entends les dialogues,
puis je devine les yeux, les poumons et les blessures
de ceux qui chantent la nuit.
On sait qu'ils sont amoureux à leur façon de remuer les bras.
Tout ce qu'ils font ressemble à une composition parfaite.

— Avant dix ans, figures et lieux sont imprécis.
Je recherche les jouets qui m'ont appartenu,
leur vérité secrète.
Les poupées remuent parfois les lèvres.
Je revois aussi les chevelures, l'aisance des silhouettes,
un choix innombrable de rues
(ma tendance à colorier les arbres, les trains).
Les bras du fleuve n'appartenaient à personne en particulier,
pas plus les voix soufflées des radios.
Je ne m'attache pas à la description psychologique des traits
mais au recensement anecdotique de quelques défauts.
Enfance livrée à moi-même,
pillée,
la chambre d'autrefois (tristes motifs du papier peint).

Ballotté entre les caresses et les bouteilles de lait en verre,
le père-Noël en caoutchouc du jardin,
les nains.

Les dos rayés s'ennuient toujours sur les bancs
(pelage d'animaux domestiques).
Il m'arrive encore de confondre les corbeaux et les merles,
épuisant le moindre objet malgré le vide,
brutal et béant.

— Accumulant les dimanches,
   j'eus la patience des jours,
   le sursis de l'attente.
   Murs de toutes les couleurs, place fraîche sur l'oreiller.
   Sur un coin déchiré, mon acteur préféré
   (monde travesti par nos électrophones, une certaine conception
   des formules toutes faites).

   Nous regardions la télévision en famille,
   l'histoire de nos sentiments à travers les meubles
   de la salle à manger.
   Nous parlions peu, sinon de la mode, du supermarché.
   Comme les images, on nous consultait le moment venu.

— Je photographiais mes parents,
   les monuments visités en rêve dans d'immenses atlas,
   tous les panneaux publicitaires.
   Dans les tablettes de chocolat, les jeux d'Afrique
   et de bêtes féroces.

   A part le charbon et la brique rouge,
   j'aimais le beffroi qui autrefois rassemblait les hommes
   et sonnait l'alarme.

Mots miniatures,
prêts à lire au bord de l'image.

— Pourquoi veulent-ils paraître heureux sur ces photographies ?
— Impossible d'avoir à la fois la copie et l'histoire des
    modèles...
Monuments aux mots, aux noms oubliés
(Octave, Léon, Marguerite).
Livres de gare et de bibliothèques roses
(Le Général Dourakine).

Profil brutal, éclaircie :

Linge pâle où surgissent, lourdes et jolies,
à peine ombrées, les paupières d'une jeune femme.
Ecran couvert d'orage.
Elle se tait,
sera jeune et heureuse par intermittence.

Ligne trouble, bord de mer.
Baie au large.

La jeune mère sourit malgré l'accablement.

– Je porte des vêtements bleu ciel,
   des sandales blanches, impeccables.

Main tenue devant la ligne de craie de l'horizon.
Revenir l'année prochaine, revoir la mer,
les enfants grandis,
moins sages.

– Ses cheveux sont retenus par un ruban.

Restaurant en face de la digue : « Chez Mado ».
Bijoux bruyants de la patronne (son vieux corps).
Jamais ensoleillé, l'autre versant de la ville
où lentement les bateaux regagnent le port.
Coquillages peints des vitrines.

— Je la revois très bien :
Habits d'époque, grande jupe et chaussures pointues,
son chignon, son pas allongé, décidé.
L'enfant lui dit « à bras », ce qui signifie « dans tes bras ».

Sa minceur, son front un peu livide indiquent un temps reculé.
(Sa jeunesse entre mes mains aujourd'hui, petite et frêle,
sa jeunesse que j'use encore sur la photo jaune et pâle).
Le soleil semble éclairer son visage.
Autour il devait y avoir une vie intense,
des gens, des cafés, des magasins...

Mes mains moites, retournées pour lire une date.
Mon mal au cœur.

— Le monde est-il encore en son enfance ?

Terrasse Saint-Pierre, orgues.
Aubes en procession depuis le pied d'or de la statue,
usé, poli par le baiser des fidèles.
Gants, habits courts, souliers vernis.
Poids immense du cortège, les adultes devant.
L'abbé, son front cireux à qui l'on promit d'être bon.

— Lorsqu'elle baisait le pied du Saint, elle murmurait :
   « C'est froid, c'est froid ! »

Derrière la grille des rideaux, la bibliothèque.
Mes souvenirs de chant et de danse sont dans les livres.
Ces photographies entre les pages,
une promenade en mer, quelques jours de vacances.

— Dans chaque famille vous trouverez les mêmes exemplaires
   (l'odeur du caoutchouc dans l'entrée d'une maison,
   l'âge des marches dominicales,
   des lectures à voix haute).

Celle-ci porte un nom de musicien.
Des instruments sortent un hibou, un agneau,
le monde animal.

Le souffle de mon père dans mes cheveux,
un dialogue étouffé, bruit de pas dans la nef.
Sur le rebord du pédalier je vois la chaire devant moi,
surmontée de sa grande couronne dorée,
je ne vois qu'elle.

Petit coup de poing sur le clavier,
« maintenant », dit la voix, « un cantique ».
Mains de somnambule.

(Sur les disques nous serons cinquante enfants,
pourquoi faut-il que cela soit vraisemblable ?).

A l'heure du repas,
en haut les habits sombres, les perruques,
en bas les cheveux blonds et les bouches ouvertes.
Pendant la prière, les coups de manche de louche.

De ma chambre, clochers, vergers,
le bourdonnement de cordes pincées.
Enlacées, les voix soupirent plus lentement
dans les passages difficiles.

— Je passais facilement du petit album à autre chose,
un nouveau répertoire.
Ma citation s'impose comme un éclat de rire
dans le lit des futurs enfants.

La conduite honnête des garçons,
jambes par-dessus le banc.
Comment retrouver les huées de garnements ?
Une leçon de chant par jour à la lueur des chandelles,
les cantates étaient trop gaies,
les cours trop désertes ou trop peuplées.
Autour de l'autel la nuit avançait,
relative sous le grand crucifix doré.

— Nous aurions pu effleurer la figure bleue,
   toucher l'or du visage,
   le vêtement.

Il reste peu d'images à consulter,
quelques lettres, des mots arrachés ici et là comme :

— J'aimerais revoir un jour la collégiale Saint-Pierre.

Désormais la nuit ressemble à une créature sans désir :
photos feuilletées seul le soir, enveloppé de distraction.
Restes de nourriture, le corps en vie, ses gestes lents.

Passage plus clair sur l'apparition,
traits reconnus un temps bref, celui de la compassion.
Clin d'œil discret dans les regards, aspérités plus claires
autour des yeux :
Aucun ne fixe l'objectif mais une direction différente, séparée.
Des choses entre eux, des lieux aimés, accordés à leur
beau visage.
Sur les physionomies : le respect et la plainte.
Grands arbres derrière eux, jeunes feuilles absorbant le ciel.
Une lumière d'insecte brille, pâle et prophétique.
Pont des branches au-dessus, chemin en pente.

— Je demeure de l'autre côté, dans un demi-jour perpétuel.
   La tête du cortège, et la mienne, loin, à l'arrière de la
   voiture d'où je compte, un par un, les passants et les
   panneaux publicitaires.

Effacée par endroit, une campagne jaunie, dépliée.

— Nous aimions la compagnie, les évocations.
— Y avait-il une maison ?
— Je ne m'en souviens pas.
  Peut-être une cheminée, un chien.
  Le chemin d'accès était à angle droit.
  Nous y posions les vélos pour la cueillette des mûres.
  En face, le gros arbre mort que les enfants escaladaient.
  La voiture garée dans la cour, pattes rouges des
  tourterelles sur le gravier.

— Pouvez-vous maintenant définir votre vie... à l'envers ?
— ?
  Là, je sors de l'école (je devrais pouvoir exprimer ceci
  au jour le jour, une heure, cinq minutes...).
  Le commencement des bosquets, des jardins publics.
  Enroulé sous mes pieds, le temps des cours de récréation
  revient à l'improviste, un joueur d'accordéon,
  (cerises et pruniers noirs, fanfare, uniformes).
  La lente ascension des automobiles coupait le paysage en deux.

— Si certains sortent du cadre,
  s'ils se brisent ou pleurent,
  c'est le début de la vérité... très précieux.

— Le dimanche était réservé au langage des animaux,
aux anniversaires.
Un restaurant espagnol, ici, la chambre aux oiseaux,
ce paysage devant mes yeux pendant des années.

Enfin nous regagnions la rue principale pour la fête des Géants.
Cette année-là le jour des Morts n'était pas favorable,
la tombe de Marguerite,
déserte.
(Mon corps appartient à la peau de ce qui demeure :
des bras coupés de statues, la cérémonie
d'un couronnement.)

— Pâques 1966,
le Père Abbé pointait nos péchés sur un livre de comptes,
tandis que l'attiraient le parfum du lilas et l'écho
profane des cours d'école.

Le son a baissé mais je distingue mieux la bouche.

Effrayé d'être à la fois acteur et spectateur,
il se reconnaît comme celui qui crée l'événement.

— Etait-ce l'horreur ou la compassion sous ces paupières,
l'arc parfait des sourcils, l'arrondi du menton ?
S'agit-il d'un roman rose,
d'une série noire ?
Le jour ?
La nuit ?
— Quoi qu'il arrive, il y aura un jeu de questions et
de réponses, une image, des séquences.

En pointillés le visage trahit maintenant une légère
inquiétude :

— Quelqu'un venait chercher les enfants à l'aéroport,
les noms se mêlant aux appels électroniques.
Mains ouvertes sous les gants, les anoraks.
Joues, bras qui attendent la caresse ou le baiser.

Transparents, chevilles et chevaux de bois ont dû se séparer.

Avoir le système solaire, le ciel à soi,
une eau où pointent les clochers.
Plages bleu clair.
Je contemplais le dos luisant des coccinelles,
attrapant le monde à travers le hublot,
les mailles de mon pull-over.

Mais je préférais la terre ferme,
être à la maison,
ou dehors devant le linge suspendu
(grillage, clapiers, de près les
gros yeux rouges du lapin).

— Chez Jeanne nous lisions quelques passages
de la Bible,
à 9 heures,
dans la salle commune.

La photo d'Irma sur la console, unique.
Sa main ridée serre quelque chose.
Cloches, hirondelles, Rois de France,
enfin, la statue et le cierge.

— Pourquoi cette attirance vers les anges ?
— Ils vivaient parmi nous, habillés d'ocre,
   de bijoux, endormis sur un coussin de pierres plates,
   l'hiver, leurs manteaux cousus de queues d'écureuils.

Le jeudi matin, la piscine,
puis le goûter,
reflet des fenêtres dans la tasse de lait,
les êtres chers,
à demi effacés comme des conversations interrompues.

Cela venait la nuit (je parle des visages),
on peut déplacer les objets selon les époques,
évoquer la couleur d'une robe (pêche, écrue),
un costume sombre, gris triste,
des cheveux plaqués haut derrière les tempes.

NEIGE

Ailes de ciel, branches, forêts.
Des aiguilles électriques percent une figure gelée.

Microbes,
plaies,
enfance décomposée en particules légères.

— Où trouvez-vous l'inspiration ?
— Dans la vie, chez les enfants, au sommet des montagnes.
J'ai d'abord fait du cinéma en amateur.
— Des fictions ?
— Des documentaires, le domaine expérimental,
puis le désir d'être professionnel, le genre commercial...

— La poussière des corps demeure visible à l'œil nu,
je choisis le jeu de l'arrêt, celui de la comparaison,
pour me distraire, quelques plans fixes
(pas assez d'histoire, trop d'interruptions, de fragments).

Beaucoup sont ratés, flous :
un jardin, des tulipes rouges, d'autres fleurs
dont j'ignore le nom.
Devant cette église, la statue de Marceline Desbordes-Valmore.

La veille de sa mort,
Marguerite nous a lu Alexandre Dumas.
A l'époque on écoutait beaucoup la radio,
une grosse radio dans la pièce commune.

Après avoir refermé les albums mes mains ne tremblent plus.
L'éloignement de ces images est nécessaire.

— Votre avenir ?
— Ma souffrance pourra guérir à la vue, un instant,
d'une silhouette familière.
A l'opposé de mes rêves muets,
il reste ce désert aux couleurs tronquées.

— L'amour que j'entends a des pulsations inconnues, mécaniques.
— Et l'effet du baiser depuis l'écran ?
— Un simple frôlement de bouche...

Le quai, Tom, Jerry, petits rats.

— Sommes-nous autre chose que de pâles rejetons de
dessins animés ?
— Des yeux à sens unique, des visages coquets, craintifs.
— Pensez-vous appartenir à une communauté d'individus ?
Par exemple si je vous dis :
« La Norvège pleure son Roi...
— ...J'aimerais qu'il neige, là, tout de suite. »

— J'attends le signal de sécurité, de bonnes nouvelles.
Un écran semble être aussi un abri.

Apparitions, dans un scintillement trouble :

Tirs d'artillerie,
certains soldats ont les jambes coupées par les obus, la malaria.
Sur un char quelqu'un a dessiné un cœur :
                « Privé d'amour, A Gisèle. »
Le   premier fusillé : son visage a fait le tour du monde
la veille de Noël.
Une à une les villes tombent.
Pour apaiser leur faim, ils mangent les chats
et les corbeaux gelés du lac Ladoga.

Le missile poursuit sa trajectoire
(la radio demande des volontaires pour former un orchestre).
Dans la rue interdite, hommes et femmes rentrent chez eux,
morts,
dans des sacs.

(Derrière la caméra, mon impression d'être un voyeur.)

Avions, missions nocturnes, la guerre commence par téléphone
puis en direct grâce à des antennes paraboliques.
(Mais la vie tourne au Nain Bleu, nos jouets,
le match à 15 heures.)

— A la fin de l'ultimatum, qu'a fait le Président ?
— Comme tout le monde, il a prié devant la télévision
  (sa légitime défense).

— Comment préférez-vous mourir... sous la lune, ou
  comme un bananier ?
— Je m'appelle Ignace Paul, il est 10 heures du soir,
  le moment est calme, immense,
  pas le cœur.
— M'entendez-vous ?
— Non, mais seulement le silence,
  une grande maison minérale.
— Homme sans bouche,
  votre voix sans vous,
  morte,
  un prénom...

— Je change souvent de voix, de costume.
Un jour je suis Hugo, le lendemain quelqu'un d'autre.
Puis vient la guerre et je rencontre Hélène,
une jeune fille pour qui j'invente des routes,
des cours, des passages.
(La passion est inévitable, contagieuse.)

Mon rôle préféré est l'assassin au grand cœur, le fou amoureux.
Parfois je ne fais pas semblant
(il m'arrive d'aimer vraiment ma partenaire).
— Un piège ?
— Au début, oui, mais si le comédien est bon,
son personnage devient brillant.
J'aurais pu écrire moi-même ces romances espiègles.
— Votre premier succès ?
— Au cirque, parmi les clowns.
— L'épreuve du rire...
— J'incarnais tous les personnages à la fois
(paysan, boulanger, capitaine).
— Les sentiments ?
— L'amour profane, la beauté féminine, la nudité des corps...
— La musique ?
— Elle joue un rôle capital dans le rituel courtois
(au cinéma c'est différent, un peu artificiel).

— Ainsi on ne peut raconter que des histoires d'amour ?
— Au cinéma, certainement.

Habits fanés.
Dehors, le bruit des automobiles.
Les mains miment un paysage loué pour l'occasion,
une mer immense, lumineuse.

Puis les phrases se détachent à nouveau, lentement :

— Je pensais attendre mon tour,
  saisir à temps la question juste,
  la mémoire véritable,
  avant de devenir une photographie parmi les autres.

— Et le soir ?
— Je sors souvent,
une maladie (le mal de l'espace).
Parmi les arbres, les inconnus, on se sent jeune,
dans le plaisir ou l'urgence,
les chemins mal fréquentés...
Mais il m'arrive de rester chez moi devant les images,
la paresse nocturne, la fatigue de tourner les pages.
Je m'endors avec les bandits, chevaux noirs et chapeaux
baissés sur les yeux des cow-boys.

J'aime ce monde aride composé de formules magiques.
J'observe le dénouement, le mouvement des lèvres,
bien rythmé, puis je ne distingue plus grand-chose sinon
l'arc tendu des sourcils, la rangée supérieure des dents
qui semble tracée à la craie.

Jambes repliées sous mon siège,
j'imagine la nuque d'un spectateur devant moi.
L'expression que j'attends est celle d'un
mimodrame, d'une comédie...

Le visage est toujours séparé du spectateur,
parfois il se réduit à un son,
une voix légère, artificielle,
ou à une figure pétrifiée,
un secret sur un front trop grand.

Un monde en situations, en tranches irrégulières,
cette histoire, par exemple,
affichée derrière les vitrines, dans les journaux et
les drugstores, à la télévision, dans les autobus,
les parfumeries, les aéroports, les boîtes de nuit :

— J'étais très recherchée dans ma mise,
    portais des parures, toutes les vanités possibles,
    le corps saturé de parfums.
    (Mon intention cependant n'était pas mauvaise.)

Elle serait plus embrassable si elle ôtait son maquillage,
masque multiple,
dans le tranchant d'un dialogue qui n'aura jamais lieu.
Regard ouvert, belles jambes :

On devine une future vocation,
d'où les yeux pâles, les cris inarticulés.
Elle préféra chanter et réussit à kidnapper les foules
grâce aux longues cigarettes fumées à moitié,
ses beaux ongles.

Scène du bal.

Les accidents du temps laissent des traces sous la peau.
Jambes de bois sous les habits dorés, petits lampions,
boucles d'oreille, promesses.

— Nous nous taisons, seuls, pour des forfaits convenus.

En lettres radieuses, multicolores et bruyantes :
« Jeu-Concours : Gagnez des Miroirs de Beauté. »
Selon votre jour de chance,
appuyez davantage sur les défauts,
votre manière de sourire,
plus jolie.

— Nous étions en réalité ces mendiants lumineux
    qui ne voient que le ciel.
— L'amour passe-t-il aussi par l'estomac ?
— ?

— Longtemps j'ai regardé le feuillage,
le tremblement des ampoules électriques.

Sur le podium des silhouettes dansaient,
une robe rouge,
les chapeaux des hommes tristes.
J'ai reconnu ses yeux sous le fard,
l'enchantement d'un rire.

Syllabe oubliée d'une sirène de bateau.

— Malheureusement ce sont toujours les autres qui me quittent.
— Croyez-vous qu'il soit possible d'aimer plus que...
— ...dans les livres ? Plus qu'au cinéma ?
Nous avons encore l'âge du rôle.
Tout a commencé dans l'autobus,
elle était assise derrière moi, seule.
Pour la déclaration, deux ou trois mots ont suffi,
le bégaiement, l'étendue d'une passion...

Une petite île près de Portsmouth,
c'est là qu'eut lieu la demande en mariage.
(Depuis, nous n'en parlons plus.)

— Selon son humeur, elle m'appelait : « Mon Jour, Ma Nuit »...
Blonde, gracieuse, des yeux rares.
Elle pleure désormais celui qu'elle appela son poète
lamentable, la couleur de ses cheveux,
l'étage où il vécut.

La nuit, le bruit du métro sous ses pas,
des yeux de foule, des vœux.

A cause du chemisier blanc, le visage est impénétrable,
chair effacée sous l'étoffe.
Le corps de demain tuera celui, encombrant, de la veille.
Ongles vifs, lèvres assorties entre la fumée des cigarettes.

Son reflet anxieux la poursuit,
le miroir attaquant le profil dans ses ultimes représentations.
Jamais elle ne trouvera l'angle correct, définitif.

Ville exposée en horizon nocturne.
Ciel épais, fauteuil sombre où disparaît peu à peu
la couleur des vêtements, des bras, des mains.

Déployée,
l'ardeur de l'étreinte.
Face à face en temps réel,
si proche qu'ils ne distinguent plus leurs traits,
à peine un lambeau de peau.

Du cou jusqu'aux épaules, la séduction sera éphémère,
la chevelure, trop longue, belle gorge, attirante,
voix fine et vertueuse encore.
Joue immobile dont le souvenir persiste,
lent et monotone.

Elle trembla pour sa beauté,
c'est le soir que ces choses arrivent.

Les boutons du corsage volent avec nacre et éclat.
Corps innombrables, indifférenciés.
Quelque chose aura lieu malgré l'impossible désir.

Jambes abandonnées,
il est déjà tard,
(cette gorge autrefois douce, ce sang qui monte !)
Corsage reboutonné lentement, épreuve de la peau, ses creux.
Prête, elle se considère dans le faux miroir de Venise.
Cils comptés un par un, goût amer de la salive.
Quelques vomissements, ses amours dispersées sous la langue,
échouées.

(L'enfance sur la plage.)

Pas de photographie cette fois, mais une peur intransmissible
pour se tirer définitivement de soi.

Replacer correctement la bouche avec le rouge à lèvres,
jambe pliée sous le corps, l'autre étendue, talon rentré.
Bientôt, le visage des jours heureux.
Autour des lèvres une trace de rouge orangé déborde
vers le menton.
Quelques voitures au carrefour,
leur faible lueur en transparence derrière les rideaux.

L'aube apparaîtra bien vite, toute morosité vaincue.

— J'avais besoin de cette relation,
    aimer avec mes espoirs déçus,
    mon orgueil blessé.

Derrière la paroi lisse et glacée on devine la chambre
des amants, le charme et le fard, les efforts pour sourire.
Malgré les artifices la chair s'expose de plus en plus,
sourcils peints,
bouche (craie rouge).

Enfin la silhouette se lève et poursuit,
ordinaire, ni belle, ni repoussante :

— Nous déjeunions tôt.
  Une vie paisible.
  L'air provincial des gens.
  André buvait du chocolat.
  Les enfants ne se ressemblaient pas :
  Celui-ci aimait les chansons, les vieux airs français
  faits de résignation et d'attente.
  Celui-là préférait le silence, la pêche avec son père
  le dimanche.

  J'allumais un cierge puis je quittais l'église,
  mes gants blancs, mon vieux manteau
  (le froid des villes du Nord).
  Mon impression de ne pas savoir où aller.

  Plusieurs maisons à la fois.
  Il fallait s'accommoder de tous ces îlots d'habitudes.
— Un jardin ?
— Bien sûr, et les cauchemars nocturnes,
  les yeux d'avions qui fonçaient sur nous en clignotant.

  (J'entends encore chanter du fond de la crypte.)

Enfin il reconnaît avoir peur de mourir écrasé sous un tunnel,
sans revoir auparavant les Tuileries, les bords de Seine.

Yeux plissés dans l'ample fumée des cigarettes.
Son désir est un amour de loin,
le moins accessible du monde.
Regard songeur, gorge profonde et chaude, devinée.

Tard le soir,
les séries américaines,
entre les actualités de 20 heures et de minuit :
un code de ressemblance.
Il attend son rôle dans l'ombre,
sa nuque est vue de près
(poils noirs piquants).

Dans le jour déjà vieux les paupières se décolorent,
des rides se creusent autour des bouches.
Visages aveugles de taupes dont je pèle les regards endormis,
guettant des surfaces planes où rien ne peut s'inscrire.

— Allez-vous finalement révéler qui vous êtes ?
Une nature morte ?
De la joie ?
Un jeu ?
Un aboiement ?

— Plongeur dans un restaurant,
mais j'aimerais être cuisinier.
Un jour je traverserai l'Atlantique au plus près de l'eau,
j'étudierai les étoiles.

— Moi, j'aimerais être géologue,
étudier les grains de sable au fond des rivières,
sur les plages. Tous les matins je déposerais mes boîtes
sur le rivage.
(Mon rêve serait un grand désert sans la mer,
et un lac, seulement un lac à proximité.)

— Voleur de chiens.
J'attrape mes proies dans un panier, je les caresse.
Je donne aussi à manger aux merles, aime effleurer des joues
d'enfants et regarder le ballet des poissons d'eau douce.

— A quelle couleur correspond votre rue ?
— Verte (autrefois il y avait des vignes).
— Le dimanche ?
— Blanc.
— Le samedi ?
— Il ressemble à un jour vide, un dessin raté.
  ...Les vacances sont jaune orange,
  mais le mot « vacances » correspond toujours à la mer,
  aux yeux violets de ma tante...

— Je souhaite un métier où les autres ne vous voient pas,
faire des expériences dans un laboratoire...
à cause du manque d'amour...
vous comprenez ?
— Et le rouge à lèvres ?
— Pour la sortie du samedi soir.
On croit faire une rencontre.
(La vanité du monde.)
— Les quais la nuit ?
— Le reflet des réverbères ressemble à un coquelicot,
seul, perdu sur une île, sûrement l'île de Robinson,
qui a réellement existé.
Nous sommes là, descendants fossiles liés à un naufrage,
un exil, un amour.
En réalité seul un rouge-gorge est originaire de l'île,
ainsi que ces fougères géantes.

Je voudrais que ceux que j'aime me ressemblent...
— Ils ne doivent pas savoir qui vous êtes.
— L'absence que je vous consens est mon infinie souffrance.

— Pourquoi l'aspect obscur de cette planète a-t-il ravi
tout le monde ?
— Il faut d'autres images pour comprendre.
— Vierge est le sol maintenant. Les arbres ?
— Je ne sais pas. Les nuages...
— Comment se fait-il que Vénus soit devenue brûlante,
et Mars, une planète gelée ?
— A partir de l'intensité lumineuse d'une étoile
on obtient sa vitesse d'approche.
L'âge dépend du champ magnétique.
Le soir Vénus brille moins que la lune,
à l'œil nu, une créature ordinaire, mal éclairée.

(Avec l'âge apparaissent des bandes grisâtres autour du corps.)

Après son effondrement demeure un trou noir,
plus intense que dix mille soleils.
Cette tache sombre est bien connue sur le visage de la lune.

— J'étais aussi très doué pour le piano et l'astronomie.

— Après ces diverses évocations vous irez sur Saturne.
Ce sera très coûteux.
— Je préférerais Pluton, situé moins loin du soleil...
— La bande de nuages a disparu subitement.
— Ces corps inertes deviennent invisibles à l'œil nu.

J'attends l'abolition des yeux,
chair blanche et visqueuse sous les orbites.

— Arrachez-vous à cette vision primitive
(sinon vous êtes perdu).
— Admirablement vivante, la lune nous observe :
ici une jeune fille constellée de blessures spirituelles
remontait ma rue.
La terre était plus belle à notre époque,
ses nuages composés d'hydrogène flottaient
gaiement au-dessus de nous.

Les arbres et le ciel ont aujourd'hui des couleurs de
carte postale.
Je dialogue avec les questions et les réponses,
dans le désordre.

— Pourquoi pêcheur d'algues ? Une vocation ?
— L'histoire de la lagune, l'époque bénie des Phéniciens,
   « Lundi », l'île où l'on ne meurt jamais...
— Votre attirance pour la mer ?
— L'hiver en bateau dans les calanques.
   Une journée habituelle :
   A 3 heures, retirer les filets de la veille, même
   si j'ai peur des flots, une peur consciente.
   (La radio a beaucoup amélioré notre sécurité.)
   A midi le pont est désert : la chance de voir passer
   les bateaux tous les quarts d'heure.
— A terre, avez-vous le temps de vivre,
   d'aller au cinéma ?
— Ma vie à part, une vie privée avec ma femme.
   On se fait au travail.
   Le plus difficile est le bruit,
   le port du Havre à 2 heures du matin.
   La nuit je lis des romans d'espionnage où je deviens le héros.

— Et ce bébé, comment s'appelle-t-il ?
— Grève. Il s'appelle Grève.

Autrefois les crabes mangeaient les morts dans les bateaux.

Là c'est moi,
la première fois à Brest avec mes valises,
puis Marseille, Shanghai, le tour du monde.

— Derrière mes lunettes le temps passe avec des yeux minuscules,
les samedis, les jours de fête.
En embrassant Gilberte je vis un événement léger :
nos deux corps,
heurtés comme des barques.
L'eau brille la nuit,
les poissons ont la même taille que nous.

Platanes, marronniers, ce bateau est un arbre à voyage, le mien.
Il penche de plus en plus vers le canal.

Nous luttons pour les tilleuls, le parfum des acacias.
Les enfants nettoient les plaies des écorces.
Pendant les vacances nous tournons des films
sur la vie des dockers, des militants.

Le scénario de Paul, l'ultime réplique.

— Trente-six ans après, Robert, le jeune homme amoureux,
c'était vous ?
— Je ne suis plus jeune... L'histoire du port, de ma vie...
— Le tournage ?
— En décor naturel, avant la grève, ou le week-end.
Des comédiens bénévoles, quelques idées.

(L'humiliation d'une vie devant mes petits yeux d'enfant.)

— L'actrice lissait ses longs cheveux.

Malgré le maquillage,
le miroir retenait une partie de son corps,
cette gorge à la blancheur unie,
ses pas fébriles.

Les journaux ont relaté son histoire pour les
générations futures, temps révolu comme une saison morte.

— Mais... la séquence du baiser ?
— Nous faisions semblant avec nos lèvres et la finesse des
mains, le corps déformé par la spontanéité du mouvement.

Ce fut un amour très éphémère,
mon droit de cité auprès de quelqu'un
dans une vie miniature composée de visions simultanées.

. . . .

— Sa figure avait une particularité :
un air traqué, timide.

Entre nous les années ont passé,
il me reste aujourd'hui sa beauté,
l'écho d'une voix,
et sur le grand écran
l'humble visage sans nom.

MONTAGE

a été achevé d'imprimer
sur les presses typographiques de la S.E.G.
à Châtillon-sous-Bagneux
le 15 mai 1992.

Trente exemplaires
sont signés par l'auteur.

Editeur 51   Dépôt légal juin 1992